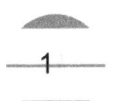

O EXTRAORDINÁRIO PODER DA MENTE EM CURAR DOENÇAS

Por SORAIA GUERREIRO

2

SUMÁRIO

4

INTRODUÇÃO

O conhecimento científico da mente humana tem avançado desde a fundação da Psicologia .Aspecto biológicos e culturais ,psicológicos e neurológicos ,emocionais e racionais foram privilegiados separadamente em diferentes épocas e perspectivas- a visão da mente foi por vezes relegada à caixa preta da ciência psicológica.A mente é vista como objeto da ciência e produto da seleção natural na evolução do Homo sapiens .Buscamos integrar e discutir as evidências das pesquisas de diversas disciplinas.Oferecemos uma compreensão evolucionista da mente humana.

A mente humana tem atraído a atenção de diversos pesquisadores na atualidade ,mas a história da Psicologia mostra que nem sempre foi assim.

O QUE É A MENTE ?

A mente humana é uma coisa maravilhosa .A cognição ,que é o ato de pensamento ,nos permite processar grandes quantidades de informação rapidamente.Por exemplo ,toda vez que seus olhos estão abertos ,seu cérebro está constantemente sendo bombardeado com estímulos .Você pode estar pensando conscientemente sobre uma coisa específica mas seu cérebro está processando milhares de ideias subconsciente.

Infelizmente ,a nossa cognição não é perfeita ,por isso existem alguns erros de julgamento que estamos propensos a fazer.

Essa situação é conhecida no campo psicológico como viés cognitivo .Ele acontece a todos ,independentemente da idade ,sexo, inteligência ,entre outros fatores.

COMO FUNCIONA A MENTE HUMANA ?

A mente humana é uma faculdade sensorial da inteligência .Sua função é captar informações que são armazenadas nos neurônios cerebrais pelos outros sentidos normais do ser humano.Nossa mente tem condições de captar e imprimir qualquer tipo de informação em uma célula viva .Através de nossa vontade ,temos condições de entrar em sintonia com qualquer centro cerebral e levar à consciência a informação que se encontra ali armazenada.

VISÃO DE FREUD

ESTUDO DA PSICANÁLISE

A Psicanálise foi criada pelo neurologista austríaco " Sigmund Freud" ,com o objetivo de tratar desequilíbrios psíquicos .Este corpo teórico foi responsável pela descoberta do inconsciente-antes já desbravado,porém em outro sentido,por Leibniz e Hegel- , e à partir de então passou a abordar este território desconhecido,na tentativa de mapeá-lo e de compreender seus mecanismos ,originalmente conferindo-lhe uma realidade no plano psíquico .Esta disciplina visa também analisar o comportamento humano ,decifrar a organização da mente e curar doenças carentes de causas orgânicas.

Freud foi inspirado pelo trabalho do fisiologista Josef Breuer ,por seus trabalhos iniciais com a hipnose ,que marcaram profundamente os métodos do psicanalista ,embora mais tarde ele abandone essa terapêutica e a substitua pela livre associação.Ele também incorporou à sua teoria conhecimentos absorvidos de alguns filósofos ,principalmente de Platão e Schopenhauer.Freud interessou-se desde início por distúrbios emocionais que na época eram conhecidos como histeria e empenhou-se para,através da Psicanálise ,encontrar a cura para estes desajustes mentais .Desde então ele passou a utilizar a arte da cura pela fala,descobrindo assim o reino onde os desejos e as fantasias sexuais se perdem na mente humana ,reprimidos,esquecidos,até emergirem na consciência sob a forma de sintomas indesejáveis,por uma razão qualquer – o Inconsciente .

A MENTE HUMANA PARA PSICOLOGIA

Para Mithen(1996/1998),com uma visão oposta à de Barkow e cols .(1992),foi justamente a mudança de uma mentalidade especializada para generalizada que caracterizou o passo fundamental para a mente moderna.A capacidade de processamento central foi que possibilitou aos membros da espécie desenvolver ideologias religiosas em que acreditar.

RECORRENDO AO PODER DA MENTE "Esse poder da alma sobre o corpo pode chegar até a vencer a enfermidade. Muitas vezes, uma vontade enérgica consegue restabelecer a saúde, com exclusão dos efeitos da imaginação ou da atenção." (Gabriel Delanne, A Alma é Imortal, Quarta Parte, FEB.) * "A vontade de aliviar, de curar – dissemos – comunica ao fluido magnético propriedades curativas. O remédio para os nossos males está em nós. * Pode assim a pessoa, pela auto-magnetização, tratar-se a si mesma, descarregando com o auxílio de passes ou de fricções os órgãos enfraquecidos e impregnando-os das correntes de força desprendida das mãos." (Léon Denis, No Invisível, Cap. 15, FEB

* "0 poder mental reside na base de todos os fenômenos e circunstâncias de nossas experiências isoladas ou coletivas. A mente é manancial vivo de energias criadoras. O pensamento ê substância, coisa mensurável. A imaginação não é um pars de névoa, de criações vagas e incertas. É fonte de vitalidade, energia, movimento... O idealismo operante, a fé construtiva, o sonho que age, são os pilares de todas as realizações. (Emmanuel, Francisco C. Xavier, Roteiro,Cap. 25, FEB.

Sendo o perispírito dos encarnados de natureza idêntica à dos fluidos espirituais, ele os assimila com facilidade, como uma esponja se embebe de um líquido. Esses fluidos exercem sobre o perispírito uma ação tanto mais direta, quanto, por sua expansão e sua irradiação, o perispírito com eles se confunde. Atuando esses fluidos sobre o perispírito, este, a seu turno, reage sobre o organismo material com que se acha em contacto molecular. Se os eflúvios são de boa natureza, o corpo ressente uma impressão salutar, se são maus, a impressão é penosa. Se são permanentes e enérgicos, os eflúvios maus podem ocasionar desordens físicas; não é outra a causa de certas enfermidades."

* "Existe em cada um de nós um foco invisível cujas radiações variam de intensidade e amplitude conforme nossas disposições mentais. A vontade lhes pode comunicar propriedades especiais; nisso reside o segredo do poder curativo dos magnetizadores." * (Léon Denis, No Invisível, Cap. 15, FEB.) " – Cada homem, como cada Espírito, é um mundo por si mesmo e cada mente é como um céu... Do firmamento descem raios de sol e chuvas benéficas para a organização planetária, mas também, no instante do atrito de elementos atmosféricos, desse mesmo céu procedem faíscas destruidoras. Assim, a mente humana. Dela se originam as forças equilibrantes e restauradoras para os trilhões de células do organismo tísico; mas, quando perturbada, emite raios magnéticos de alto poder destrutivo para as comunidades celulares que a ser-vem." (Esclarecimento de Alexandre, André Luiz, F.C. Xavier, Missionários da Luz, Cap. 13, pág. 197, FEB.)

HÁ UMA MENTE COMUM A TODOS OS HOMENS (EMERSON) Os poderes de operar milagres de seu subconsciente existiam antes que eu e você nascêssemos, antes que qualquer igreja ou mundo existissem. As grandes verdades eternas e os princípios da vida são anteriores a todas as religiões. É assim pensando que lhe recomendo, nos capítulos seguintes, que se aproprie deste poder maravilhoso, mágico e transformador, que cura as feridas mentais e físicas, salva as mentes temerosas e liberta completamente das limitações da pobreza, fracasso, miséria, privação e frustração. Tudo o que você tem a fazer é unir-se mental e emocionalmente a tudo de bom que deseja personificar. E os poderes de seu subconsciente responderão de conformidade com isso! Comece hoje, agora, deixe que ocorram maravilhas em sua vida! Persista, persista até que raie um novo dia e as sombras se dissipem.

Um só processo de cura - A lei da fé - A terapia da oração é a função combinada da mente consciente e subconsciente dirigida cientificamente - O que significa a cura pela fé e como trabalha cegamente - A fé subjetiva e seu significado - O significado do tratamento a distância - Libertando a ação sinética do subconsciente

O PODER DA MENTE NA CURA DO CÂNCER .

Primeiramente precisamos manter equilíbrio .E o corpo sabe como manter ,a não ser que esteja totalmente abalado pela doença;desse modo ,se alguém deseja restaurar a capacidade de cura do próprio organismo,é necessário que faça tudo para readquirir o equilíbrio.Trata-se de uma ideia muito simples ,mas de profunda consequências.

A consciência é uma energia pouco valorizada pela maioria das pessoas .Geralmente não enfocamos nossa consciência mais profunda nem usamos uma verdadeira energia ,mesmo nos difíceis momentos de crise.Talvez seja a razão pela qual as curas milagrosas são recebidas com um misto de espanto ,descrença e reverência.

Um osso quebrado parece soldar-se fisicamente,sem a intervenção da mente;mas a cura espontânea do câncer depende de uma qualidade especial da mente,de um profundo desejo de viver ,de uma perspectiva heroicamente positiva,ou qualquer outra habilidade rara.

Sua mente pode e vai além da medicina.A capacidade de cura de um nível tão profundo que não se pode ir mais além.

Processo radical na cura afastar o medo e a dúvida junto a doença.

Você pode trazer para sua vida mais poder, mais riqueza, mais saúde, mais felicidade e mais alegria, aprendendo a entrar em contato e libertar o poder escondido de sua mente subconsciente. Você não precisa adquirir esse poder; você já possuir.

Dentro de sua mente subconsciente você vai encontrar a solução para todos os problemas, e a causa para cada efeito.

Toda a doença se origina na mente. Não aparece nada no corpo, a menos que há um padrão mental correspondente a ele.

Há apenas um processo de cura e que é a fé.

A crença é um pensamento na mente subconsciente.

Sua vitalidade, corpo, status financeiro, amigos e status social representam um reflexo perfeito da idéia que você tem de si mesmo.

A sensação de riqueza produz riqueza; manter isso em mente o tempo todo. Sua mente subconsciente é como um banco, uma espécie de instituição financeira universal. Ele amplia o que você depositar ou impressionar-lo se é a ideia de riqueza ou pobreza. Escolha riqueza.

Os três passos para o sucesso: 1) descobrir a coisa que você gosta de fazer, em seguida, fazê-lo. 2) Especializar-se em algum ramo particular de trabalho e saber mais sobre ele do que qualquer outra pessoa. 3) Tenha certeza que a coisa que você quer fazer, não contribui para o seu sucesso só - sua ideia deve ir adiante com o propósito de bênção ou servir o mundo.

Qualquer imagem mental, apoiado pela fé e perseverança, virá a passar através do poder milagroso do seu subconsciente. Confiar nele, acreditar em seu poder, e as maravilhas vai acontecer enquanto você ora.

A felicidade é um estado de espírito. Você tem a liberdade de escolher a felicidade. Comece agora a escolher a felicidade. Isto é como você fazê-lo:... Quando você abrir os olhos na parte da manhã, dizer para si mesmo, "ordem Divino assume o comando da minha vida hoje e todos os dias Todas as coisas cooperam para o bem para mim hoje Este é um dia novo e maravilhoso para mim. Nunca haverá outro dia como este. estou divinamente guiado durante todo o dia, e tudo o que eu faço vai prosperar. o amor divino me cerca, me envolve e me enwraps, e eu saio em paz. Sempre que a minha atenção se desvia daquilo que é bom e construtivo, vou trazê-lo imediatamente de volta para a contemplação do que está atraindo a mim mesmo todas as coisas que abençoam e me prosperar. estou indo para ser um sucesso maravilhoso em todos os meus compromissos hoje. Estou definitivamente indo para ser feliz durante todo o dia Comece cada dia dessa maneira;., então você estará escolhendo a felicidade, e você será uma pessoa alegre radiante.

homem mais feliz é aquele que constantemente produz e pratica o que é melhor nele.

Quando você confia no poder da sua mente subconsciente para liderar, orientar, governar e dirigir todos os seus caminhos, você vai se tornar equilibrado, sereno e relaxado. Como você irradiar amor, paz e boa vontade a todos, você está realmente construindo uma superestrutura de felicidade para todos os dias da sua vida.

O seu futuro está na sua mente subconsciente agora, com base em seu pensamento habitual e crenças. Afirmam leads inteligência infinita e orienta-o e que tudo de bom é seu, e seu futuro será maravilhoso. Acreditar e aceitá-lo. Espere o melhor, e invariavelmente o melhor virá para você. Confie em seu subconsciente completamente. Saiba que a sua tendência é para sempre.

Pergunte a si mesmo uma pergunta? Quando eu ir dormir O que é que mantém o meu coração batendo? Você pode ter muitas respostas a esta pergunta, os quais serão, sem dúvida, de uma forma ou outra correto! No entanto, posso dizer-lhe o que é e quando eu faço você também terá a sua lâmpada momento assim como eu fiz, porque é tão simples!

É a mente subconsciente '...... ..! EU SOU

Pense nisso, nossa mente consciente trabalhar em conjunto com nossas mentes subconscientes mas apenas durante nossas horas de vigília, quando dormimos, é nossa mente subconsciente que assumem a responsabilidade exclusiva de manter nossos corpos funcionando! Eu gosto de pensar nisso como o turno da noite tomando sobre! O que é tão surpreendente sobre a mente subconsciente é que ele tem incrível poder em tantos níveis! Por quê? e aqui está a chave .... "Ele não sabe a diferença entre uma verdade ou uma mentira, ela só sabe o que você diga a ele ......! Pense nisso por um momento!

Os primeiros passos ....Com vontade e livre escolha, podemos escolher para sobreviver e ao fazê-lo estamos no controle do mal-estar não está no controle de nós!

A coisa mais importante que você precisa saber sobre a mente subconsciente é que é sempre "on". Ou seja, é dia ativo e noite , independentemente do que você está fazendo. A mente subconsciente controla seu corpo. Você não pode ouvir este processo interior em silêncio com o seu esforço consciente. Você precisa começar a cuidar de sua mente subconsciente. É vital para manter sua mente em um estado de expectativa de apenas bons eventos e fazer o modo usual de seu pensamento baseado exclusivamente na lealdade, justiça e amor.

Fé e crença são a base do subconsciente. Não se esqueça que " . Você será recompensado de acordo com sua fé"

Um pastor protestante, que sofria de câncer de pulmão escreveu sobre seus métodos de transferência de pensamentos de perfeita saúde em sua mente subconsciente: "Duas ou três vezes por dia, eu coloquei meu corpo e alma em um estado relaxado, repetindo estas palavras: " meus pés estão completamente relaxada, minhas pernas estão relaxados. Agora, meus músculos do estômago são relaxantes. Meu coração está batendo em silêncio, minha respiração é calmo e relaxado. Minha cabeça está completamente relaxado, todo o meu corpo está completamente relaxado e calmo "Depois de cerca de cinco minutos, quando cheguei em um estado sonolento, sonolento, eu repeti:". A perfeição do plano de Deus encontra a sua expressão em mim. Minha mente subconsciente está cheia de pensamentos que tenho a saúde perfeita. Minha imagem é impecável diante de Deus . "Esse padre conseguiu curar a si mesmo.

Aqui estão algumas breves recomendações para ajudar você a usar o seu poder subconsciente para o seu melhor:

1. Sua mente subconsciente não só controla todos os processos do corpo, mas também sabe as respostas para as várias perguntas e pode resolver muitos problemas.

2. Antes de ir para a cama, referem-se a sua mente subconsciente com um pedido específico e em breve você vai ver o seu poder milagroso em ação.

3. Tudo o que é capturado em sua mente subconsciente irá afetá-lo diretamente na forma de emoções, circunstâncias e eventos . Portanto, você precisa para assistir de perto o que pensamentos e idéias governam sua mente.

4. Todas as experiências surgem de desejos não realizados. Se você está focado em várias questões e problemas, assim será a reação de sua mente subconsciente.

5. Quando você tem um objetivo ou sonho específico , conscientemente repetir esta afirmação: " Acredito que o poder do subconsciente, o que me deu esse desejo, irá incorporá-la em mim agora."

6. Estresse, ansiedade e medo podem perturbar o ritmo natural da respiração, frequência cardíaca e trabalho de qualquer outra parte do corpo. Cultivar em sua mente subconsciente pensamentos de saúde, paz e harmonia, e todas as funções do corpo vai voltar ao normal.

7. Encha o seu subconsciente com expectativas de melhores experiências e emoções, e seus pensamentos se tornará uma realidade.

8. Imagine que um resultado positivo de seus problemas, se sentir plenamente o entusiasmo com o que aconteceu. Todas as suas fantasias e sentimentos são claramente aceite pelo seu subconsciente e, em seguida, implementado na vida.

Sigmund Freud (6 de Maio de 1856 - 23 de setembro de 1939) foi um neurologista austríaco e fundador da escola psicanalítica da psicologia, com base em sua teoria de que motivos inconscientes controlam grande comportamento, que determinados tipos de pensamentos e memórias inconscientes, especialmente sexual e os agressivos, são a fonte de neurose e que a neurose pode ser tratada através de trazer esses pensamentos e memórias inconscientes à consciência no tratamento psicanalítico. Ele foi inicialmente interessado em hipnose e como ela poderia ser usada para ajudar o hipnotismo mentalmente doente, mas posteriormente abandonada em favor da livre associação e análise de sonhos em desenvolver o que é conhecido como "a cura pela fala". Estes tornaram-se os principais elementos de psicanálise. Freud foi inicialmente especialmente interessado no que era então chamado de histeria (agora conhecida como síndrome de conversão), mas expandiu seu trabalho para outras formas de neurose, especialmente transtorno obsessivo-compulsivo.

Enquanto as teorias de Freud e seu tratamento dos pacientes, eram controversos no século 19 em Viena e permanecem debatido hoje, ele é considerado não só um dos maiores inovadores em psicologia, mas também uma das principais figuras no pensamento ocidental. Suas idéias são muitas vezes discutidas e analisadas como obras de literatura, filosofia e cultura geral, além de debate sobre os seus méritos como tratados científicos e médicos de continuar. Suas idéias tiveram impacto não só a psicologia, mas também filosofia, sociologia, antropologia, ciência política, história, crítica literária, história da arte, história da música, e studies.He cultural é comumente referido como "o pai da psicanálise."

Um interesse menos conhecido de Freud foi neurologia. Ele era um pesquisador cedo sobre o tema da paralisia cerebral, então conhecido como "paralisia cerebral". Ele publicou vários artigos médicos sobre o tema. Ele também mostrou que a doença existia muito antes de outros pesquisadores em seu dia começou a notar e estudá-lo. Ele também sugeriu que William Little, o homem que primeiro identificou paralisia cerebral, estava errado sobre a falta de oxigênio durante o processo de nascimento sendo uma causa. Em vez disso, ele sugeriu que as complicações no parto eram apenas um sintoma do problema. Não foi até a década de 1980 que suas especulações foram confirmadas por pesquisas mais moderno.

Freud esperava que sua pesquisa irla fornecor uma base científica sólida para a sua técnica terapêutica. O objetivo da terapia freudiana, ou a psicanálise, foi trazer a consciência reprimida pensamentos e sentimentos, a fim de permitir que o paciente a desenvolver um ego forte. Classicamente, a propositura de pensamentos e sentimentos à consciência inconscientes é provocada por encorajar o paciente a falar em "associação livre" e para falar sobre sonhos. Outro elemento importante da psicanálise é uma relativa falta de envolvimento directo por parte do analista, que se destina a encorajar o paciente a projetar pensamentos e sentimentos para o analista. Através deste processo, chamado de "transferência", o paciente pode reviver e resolver conflitos reprimidos, especialmente conflitos da infância com (ou sobre) os pais.

o inconsciente

A interpretação dos sonhos - um poderoso trabalho inicial de FreudPerhaps a contribuição mais significativa Freud fez ao pensamento moderno é a sua concepção do inconsciente. Durante o século 19, a tendência dominante no pensamento ocidental foi o positivismo, a crença de que as pessoas poderiam verificar o conhecimento real si e seu ambiente preocupante e criteriosamente exercer controle sobre ambos. Freud, no entanto, sugeriu que tais declarações de livre arbítrio estão em delírios de fatos; que não são totalmente conscientes do que pensamos e muitas vezes agem por razões que pouco têm a ver com os nossos pensamentos conscientes. O conceito de inconsciente foi inovadora na medida em que ele propôs que a consciência existia em camadas e que havia pensamentos que ocorrem "abaixo da superfície." Sonhos, que ele chamou de "estrada real para o inconsciente", desde o melhor acesso à nossa vida inconsciente e a melhor ilustração da sua "lógica", que era diferente do que a lógica do pensamento consciente. Em A interpretação dos sonhos Freud tanto desenvolveu o argumento de que o inconsciente existe e descreveu um método para obter acesso a ele. O Pré-consciente foi descrito como uma camada entre consciente e inconsciente de pensamento que poderíamos acessar com um pouco de esforço. Assim, para Freud os ideais do Iluminismo, o positivismo e do racionalismo poderia ser alcançado através da compreensão, transformar e dominar o inconsciente, e não através de negar ou reprimi-la.

Crucial para a operação do inconsciente é "repressão". De acordo com Freud, as pessoas muitas vezes experimentam pensamentos e sentimentos que são tão doloroso que as pessoas não podem suportá-las. Tais pensamentos e sentimentos-e associados memórias-não podia, Freud argumentou, ser banido da mente, mas pode ser banido da consciência. Assim, eles vêm para constituir o inconsciente. Embora Freud mais tarde tentou encontrar padrões de repressão entre seus pacientes a fim de obter um modelo geral da mente, ele também observaram que pacientes individuais reprimir coisas diferentes. Além disso, Freud observou que o processo de repressão é em si um ato não-consciente (em outras palavras, ele não ocorrer através de pessoas dispostas afastado certos pensamentos ou sentimentos). Freud supôs que o que as pessoas reprimidas foi em parte determinada pelo seu inconsciente. Em outras palavras, o inconsciente era para Freud simultaneamente uma causa e efeito da repressão.

A mente inconsciente está envolvido no funcionamento normal do corpo, tanto na saúde e na doença, como feridas de cura. Se nos cortamos, nós não sabemos como curar a ferida ou para evitar infecções e doenças que entram no organismo, mas "o corpo" sabe como fazer isso. Pequenas lesões são curados naturalmente e com pouca preocupação, mas se uma ferida não curar, pode ser que não pode ser feita a fazê-lo. Este processo de cura pode ser pensado como um outro aspecto da mente inconsciente.

Por um longo tempo, talvez muitos séculos, o mundo ocidental dominante acredita que o pensamento não poderia afetar o corpo e a doença. O motivo foi que não havia ligações conhecidas entre o sistema nervoso central e o sistema imunológico. No entanto, nos últimos anos, estudos anatômicos mais cuidadosas têm mostrado que existe uma ligação estreita e íntima entre o sistema nervoso central e o sistema imunológico. Nos últimos 30 anos, uma nova ciência da neuroimunológico desenvolveu, estudando a relação entre o cérebro, sistema imunológico e emoções e pensamento.

Estes processos não são conscientes, mas são, até certo ponto sob controle consciente, ou pode ser mediada através do pensamento e através de comportamento. Isto levou vários praticantes regulares de afirmar que, alterando o nosso pensamento e nossas respostas afetivas habituais, podemos mudar a nossa saúde.

Podemos, portanto, considerar uma outra função para a mente inconsciente, talvez sugerindo um "corpo-mente", que está preocupado com as funções normais do corpo e com a manipulação de doença. Isto pode ser pensado como um mente porque é influenciada pelo pensamento, emoção e comportamento. Esta não é uma idéia nova, porque, por exemplo, qi gong é uma forma de tratamento que afirma afetam o sistema imunológico, o riso tem sido considerada uma forma de melhorar não só o bem-estar, mas também a saúde geral. E certas técnicas psicológicas (como a psicoterapia) são conhecidos por afetar a capacidade do corpo para lutar ou recuperar da doença.

Os processos automatizados e padrões de comportamento habitual que correm o corpo são o resultado de comportamentos geneticamente instalados ou aprendidas. Eles são, naturalmente, as funções inconscientes vitais que ocupam grande parte do poder de processamento do cérebro. Freud chama essa parte da mente do "estrutural inconsciente. ' Alguns aspectos desta estrutura são inacessíveis a mudança consciente, mas outros podem ser acessados com extrema concentração (como os monges budistas que aprendem a elevar a temperatura do corpo quando exposto a condições de congelamento) ou com a ajuda de técnicas de biofeedback. hábitos aprendidos, como formas de pé ou sentado, ou andar de bicicleta, pode ser ajustado pela prática consciente extensa de novos métodos, superaprendizagem o comportamento até que tenha sido instalado permanentemente.

De outra tradição, o Kahuna, a mente inconsciente ou baixa auto-estima é visto como um comunicador entre a mente consciente e auto super consciente ou superior. Neste exemplo, a mente inconsciente não é visto como qualquer tipo de demônio, mas como um mecanismo importante para ser usado com sabedoria.

Parece, então, de nossa investigação, que nos tempos antigos estas influências invisíveis, não conscientes foram considerados como deuses, anjos ou demônios, mas hoje são mais propensos a pensar nesses processos inconscientes - que produzem as necessidades humanas e drives, que criam problemas humanos, que estimulam as ideias que produzem nova arte e ciência, e que afetam a nossa saúde - como parte da mente inconsciente.

O inconsciente também é percebido como incluindo a nossa natureza espiritual, o Superconscious, o que pode, por vezes, de clareza e discernimento fundir-se com a consciência. Em vez de culpar um deus ou demônio para os nossos infortúnios e da mesma forma para os nossos atos de brilho e boa sorte, estamos agora mais propensos a aceitar que estas são o resultado da nossa natureza interior, para o qual temos de assumir a responsabilidade.

Os psicólogos clínicos, que procuram tratamento de doenças mentais, dizem respeito à psicanálise freudiana de maneiras diferentes. Alguns psicólogos clínicos têm modificado esta abordagem e têm desenvolvido uma variedade de modelos "psicodinâmicas" e terapias. Outros psicólogos clínicos rejeitam modelo da mente de Freud, mas se adaptaram elementos de seu método terapêutico, especialmente sua confiança em falar dos pacientes como uma forma de terapia. Os psicólogos experimentais rejeitam geralmente métodos e teorias de Freud. Como Freud, psiquiatras treinar como médicos, mas, como a maioria dos médicos em de Freud tempo mais rejeitar sua teoria da mente, e geralmente confiar mais em drogas do que falar em seus tratamentos. Esta poderia ser mais a ver com a unidade moderna a uma "solução rápida", em vez de problemas com as teorias de Freud, no entanto.

 teorias psicológicas de Freud são disputada hoje e muitos dos principais psiquiatras acadêmicas e de pesquisa considerá-lo como um charlatão - mas há também muitos dos principais psiquiatras acadêmicas e de pesquisa, que podem concordar, pelo menos, com o núcleo de seu trabalho. Embora Freud foi considerado por muito tempo como um gênio, psiquiatria e psicologia há muito que foi reformulado como disciplinas científicas. distúrbios psiquiátricos são muitas vezes considerados meramente doenças do cérebro, a etiologia da qual é principalmente genética. Esta consideração sustenta que a infância e meio ambiente não têm muita influência sobre a mente humana e seu bem-estar. No entanto, muitas pessoas rejeitam essa visão como uma simplificação excessiva.

Estudos sobre a Histeria (com Josef Breuer) (1895)

A Interpretação dos Sonhos (1899)

A Psicopatologia da Vida Cotidiana (1901)

Três Ensaios sobre a Teoria da Sexualidade (1905)

Totem e Tabu (1913) Sobre o narcisismo (1914)

Além do Princípio do Prazer (1920)

O Ego eo Id (1923)

O futuro de uma ilusão (1927)

Civilização e seus descontentes (1929)

Moisés eo monoteísmo (1939)

Um Esboço de Psicanálise (1940)

Mente inconsciente

Introdução

Sigmund Freud não exatamente inventar a ideia do consciente contra mente inconsciente, mas ele certamente foi responsável por tornar-se popular e este foi um de seus principais contribuições para a psicologia.

Freud (1900, 1905) desenvolveu um modelo topográfico da mente, segundo a qual ele descreveu as características de estrutura e função da mente. Freud usou a analogia de um iceberg para descrever os três níveis da mente.

Freud (1915) descreveu mente consciente, que consiste em todos os processos mentais de que temos conhecimento, e isso é visto como a ponta do iceberg. Por exemplo, você pode estar sentindo sede, neste momento, e decidir para obter uma bebida.

O pré-consciente contém pensamentos e sentimentos que uma pessoa não está neste momento ciente, mas que pode ser facilmente levado a consciência (1924). Ela existe apenas abaixo do nível de consciência, antes que a mente inconsciente. O pré-consciente é como uma sala de espera mental, em que os pensamentos permanecem até que eles consigam atrair a atenção do consciente "(Freud, 1924, p. 306).

Isto é o que queremos dizer em nosso uso diário da palavra memória disponível. Por exemplo, você atualmente não estão pensando sobre o seu número de telefone móvel, mas agora ele é mencionado você pode recuperá-lo com facilidade. experiências emocionais leves podem estar nas pré-conscientes, mas às vezes traumáticas e poderosas emoções negativas são reprimidas e, portanto, não está disponível no pré-consciente.

Finalmente, a mente inconsciente compreende processos mentais que são inacessíveis à consciência, mas que os julgamentos de influência, sentimentos ou comportamento (Wilson, 2002). De acordo com Freud (1915), a mente inconsciente é a fonte primária do comportamento humano. Como um iceberg, a parte mais importante da mente é a parte que você não pode ver.

Nossos sentimentos, motivos e as decisões são, na verdade, fortemente influenciados pelas nossas experiências passadas, e armazenado no inconsciente.

Freud aplicado estes três sistemas à sua estrutura da personalidade, ou psique - o id, ego e superego. Aqui, o id é considerada inteiramente inconsciente, enquanto o ego e superego tem consciente, pré-consciente, e o aspecto inconsciente.

Mente inconsciente

Freud imagem iceberg mente inconsciente

Enquanto estamos plenamente conscientes do que está acontecendo na mente consciente, não temos idéia do que a informação é armazenada na mente inconsciente.

O inconsciente contém todos os tipos de material significativo e preocupante que precisa para se manter fora da consciência, porque eles são muito ameaçador para reconhecer plenamente.

A mente inconsciente funciona como um repositório, um "caldeirão" de desejos primitivos e impulso mantidos à distância e mediado pela área pré-consciente. Por exemplo, Freud (1915) constatou que alguns eventos e desejos eram muitas vezes demasiado assustador ou doloroso para seus pacientes a reconhecer, e acredita que tais informações foram trancados na mente inconsciente. Isso pode acontecer através do processo de repressão.

A mente inconsciente contém nossos instintos de base biológica (Eros e Tânatos) para os impulsos primitivos para sexo e agressão (Freud, 1915). Freud argumentou que nossos impulsos primitivos muitas vezes não atingir a consciência, porque eles são inaceitáveis para os nossos eus racionais, conscientes. As pessoas tem desenvolvido uma série de mecanismos de defesa (como a repressão) para evitar saber o que seus motivos e sentimentos inconscientes são.

Freud (1915) enfatizou a importância da mente inconsciente, e uma suposição preliminar da teoria freudiana é que a mente inconsciente governa o comportamento a um grau maior do que as pessoas suspeitam. Na verdade, o objetivo da psicanálise é revelar o uso de tais mecanismos de defesa e, assim, tornar consciente o inconsciente.

Freud acreditava que as influências do inconsciente se revelam em uma variedade de maneiras, incluindo sonhos , e em lapsos de linguagem, agora popularmente conhecido como "atos falhos". Freud (1920) deu um exemplo de um tal deslizamento quando um membro do Parlamento britânico que se refere a um colega com quem ele estava irritado como "o membro honorário do Inferno 'em vez de a partir de Hull.

Avaliação crítica

Inicialmente, a psicologia era cético quanto à idéia de processos mentais que operam em um nível inconsciente. Para outros psicólogos determinaram ser científico na sua abordagem (por exemplo, os behavioristas) o conceito da mente inconsciente tem-se revelado uma fonte de frustração considerável porque desafia a descrição objetiva, e é extremamente difícil de testar ou medida objetivamente.

No entanto, a diferença entre a psicologia ea psicanálise diminuiu, e a noção de inconsciente é agora um foco importante da psicologia. Por exemplo, a psicologia cognitiva identificou processos inconscientes, como a memória processual (Tulving, 1972), processamento automático (Bargh & Chartrand, 1999; Stroop, 1935), e de psicologia social tem mostrado a importância de processamento implícito (Greenwald & Banaji de 1995). Tais descobertas empíricas têm demonstrado o papel dos processos inconscientes no comportamento humano.

No entanto, a pesquisa empírica em psicologia revelou os limites da teoria freudiana do inconsciente, e a noção moderna de uma "adaptação inconsciente" (Wilson, 2004) não é o mesmo que o psicanalítico. Com efeito, Freud (1915) tem subestimado a importância do inconsciente, e em termos da analogia do icebergue há uma porção muito maior da mente sob a água. A mente funciona de forma mais eficiente, relegando um grau significativo de alto nível, processamento sofisticado para o inconsciente.

Enquanto Freud (1915) viram o inconsciente como uma única entidade, psicologia agora entende a mente para compreender um conjunto de módulos que evoluiu ao longo do tempo e operar fora da consciência. Por exemplo, gramática universal (Chomsky, 1972) é um processador de linguagem inconsciente que nos permite decidir se uma sentença é formado corretamente. Separado para este módulo é a nossa capacidade de reconhecer rostos forma rápida e eficiente, ilustrando assim como os módulos inconscientes operar de forma independente.

Finalmente, embora Freud acreditava que os impulsos primitivos permaneceu inconsciente para proteger os indivíduos de experimentar a ansiedade, a visão moderna do inconsciente adaptativa é que a maioria processamento de informação reside fora de consciência por motivos de eficiência, em vez de repressão (Wilson, 2004).

Referências

Bargh, JA, e Chartrand, TL (1999). A automaticidade insuportável de ser . Psicólogo americano, 54 (7) , 462.

Chomsky, N. (1972). Linguagem e da mente . New York: Harcourt Brace Jovanovich.

Freud, S. (1915). O inconsciente . SE, 14: 159-204.

Freud, S. (1924). Uma introdução geral à psicanálise , trans. Joan Riviere.

Greenwald, AG, & Banaji, MR (1995). Implícita cognição social:. Atitudes, auto-estima, e os estereótipos avaliação psicológica , 102 (1), 4.

Stroop, JR (1935). Estudos de interferência em reações verbais seriais. Journal of Experimental Psychology , 18 (6), 643.

A IMPORTÂNCIA DOS EXERCÍCIOS FÍSICOS.

Enquanto você pratica exercícios ,a musculatura de seu corpo não enfraquecerá e sua força não diminuirá durante a vida,apesar de haver um lento declínio de energia.

Um corpo saudável demonstra maior poder de recuperação e versatilidade do que se suspeitava.

A DROGA DOMINA A MENTE

Você deve dominar a mente e não deixar que te domine.Todos são capazes de fabricar "drogas" para seu próprio corpo ,ou seja,substância química original produzida pelo organismo.

Hormônios,enzimas e outras substâncias químicas produzidas por nossos corpos têm admirável conhecimento de quais receptores combinam.

A MEMÓRIA

É cientificamente comprovado que pessoas mais cultas sofrem menos de problemas com a memória como o Mal de Alzheimer ,por exemplo .Entretanto há uma lógica nessa comprovação,pois essas pessoas exercitam mais a mente ,além de que a leitura é o melhor exercício para a memória ,uma vez que essa abrange a memória visual ,verbal e outras.

SAÚDE .

O sono tem um papel fundamental para nosso corpo e nossa mente se manter saudável.

Mantenha a mente equilibrada .Substitua pensamentos negativos por positivos.Frequentemente a mente está muito instável ,pois quase todas influências externas podem tirar a mente Don equilíbrio e nos faz pensar o que realmente não queremos pensar.

Procure ocupar o tempo com alguma atividade ,praticar alguma forma de lazer,estar de bem com familiares .

Quando preservamos nossa mental,estamos também preservando nosso corpo de forma geral.

MENTE SADIA

A mente sadia possui:
fé,confiança,abundância,força,capacidade,conquista, talento,persistência,objetivo,sucesso,alegria,felicidad e,cortesia,juventude,gentileza,criatividade,amor,toler ância,serenidade,generosidade,vitalidade,inteligênci a,compreensão,inspiração,humildade,decisão,sabed oria,simpatia,mérito,energia,poder,saúde,sinceridade ,paz,caridade,liberdade,equilíbrio,harmonia,boa vontade,honestidade,etc.

COMO A RELIGIÃO DOMINA A MENTE .

Todas as informações são captadas armazenadas e usadas ,mesmo que seu portador não tenha consciência sobre o que está acontecendo .Todos os milagres são possíveis de serem realizados ,basta o subconsciente estar convencido de que é possível .O pensamento é a fonte de todo o bem e de todo mal.Trabalhar o cérebro das pessoas,de fácil memorização,ou imagens jogadas e vistas constantemente e repetidamente vão ficar gravadas para sempre no subconsciente.

A MENTE DO SÁBIO

A mente do sábio não é diferente do comum : é parcial e tendenciosa do mesmo jeito.Porém , o sábio não se apega à mente ou ao eu ,portanto ,pode utilizar os recursos mentais de forma apropriada .Por não se apegar as classificações ,não há preconceitos e a mente na se fixa às crenças limitantes.Sem apego,ele não cria obstáculos em seu caminho e, portanto,a prosperidade e o sucesso ocorrem naturalmente,sem nenhum esforço artificial.

Ensinamento não é nada mais do que isto : simplesmente fazer ,sem nada mais fazer.

A mente do sábio acha que deve-se crer na possibilidade ,acha tudo pode ser feito,desde que se tenha esforço e se planeje ,enfim,que tudo pode se fazer.

A MENTE DO TOLO

A mente do tolo acha tudo difícil ,acha que não será possível ,que não terá jeito ,enfim,que nada pode fazer.

Conclusão ,é a mente,uma só mente,mesmo a do sábio e a do tolo .Apenas ,o tolo , é como a noite da mente ,e o sábio, o dia da mente.

Não se chega a sabedoria ,sem se ter sido tolo.E sempre haverá assuntos em que ainda seremos tolos.Mas é o esforço e a perseverança que conduz à perfeição ,mesmo que ela nunca possa ser realmente alcançada.

ÚLCERA NERVOSA .

Para esclarecer ,a medicina não reconhece a expressão "úlcera nervosa" .Gastroenterologistas de todo mundo afirmam que o estado emocional das pessoas pode contribuir com a manifestação de incômodos sintomas de uma úlcera péptica já existente,mas não causá-la.

Prova disto é a afirmação de um dos mais conceituados gastroenterologistas do Brasil ,Luiz Gonzaga Vaz Coelho .

O médico afirma que não existe úlcera nervosa,mas sim uma piora do quadro quando o portador do problema fica com a saúde emocional abalada.

Por fim,apesar das úlceras serem causadas isoladamente por problemas emocionais ,é importante levar uma vida regrada e tranquila ,para que a saúde do paciente seja beneficiada com seu bom estado emocional.

SOFRIMENTO.

Se você tem algum sofrimento psíquico como distúrbio de humor ,da alimentação da personalidade ,fobias,etc."Disse Jesus: o que é impossível para o homem é possível para Deus."Use a sua fé presente na sua mente ,pois Deus não trabalha sozinho.

OS PODERES DA IOGA.

Prática milenar promove benefícios para o corpo e mente.

Correria diária,ritmo intenso de trabalho e estudos ,esforço para dar conta de todas as tarefas.Chega um momento em que o corpo simplesmente não consegue acompanhar o ritmo intenso e pede arrego.O cansaço físico e emocional provocados pelo estresse de uma rotina atribulada são apenas alguns sintomas da vida moderna .É também uma das razões que têm incentivado cada vez mais homens e mulheres a buscarem o equilíbrio entre o corpo e mente.

Alguns estudos científicos já realizados na área comprovam que a prática regular da ioga promove equilíbrio físico e mental ,força,resistência muscular,flexibilidade,atua no controle da ansiedade ,relaxa e acalma,melhora o funcionamento dos sistemas imunológico ,digestivo,reprodutor e excretor.

Além disso ,a ioga também proporciona melhoria do sono ,diminuição do nível de estresse ,lubrifica as articulações e ativa a circulação sanguínea.

SONHO E FREUD

Foi em 1900,com a publicação de A Interpretação dos Sonhos,que Sigmund Freud (1856-1939) deu um caráter científico à matéria.Naquele polêmico livro ,Freud aproveita o que já havia sido publicado anteriormente e já faz investidas completamente novas,definindo o conteúdo do sonho ,geralmente como ┼realização de um desejo┼.Para o pai da psicanálise ,no enredo onírico há o sentido manifesto(o significado) ,este último realmente importante.A fachada seria um despiste do superego(o censor da psique, que escolhe o que torna consciente ou não dos conteúdos inconscientes),enquanto o sentido latente,por meio da interpretação simbólica ,revelaria o desejo do sonhador por trás dos aparente absurdos da narrativa.

MENTE MILIONÁRIA

Mente milionária é a mente vencedora .Os hábitos mentais milionários são válidos e perfeitamente aplicáveis em qualquer outra área da vida :saúde,relacionamento ,estudos,esportes,artes,negócios,etc.Textos baseados nas ideias de T.Harv Erker e outros .Mantenha sua mente aberta.Não se trata apenas de dinheiro.Trata-se de sucesso.

- Pessoas ricas aprendem e crescem constantemente .
- Pessoas pobres pensam que já sabem.
- Pessoas ricas agem apesar do medo .
- Pessoas pobres deixam-se paralisar pelo medo.
- Pessoas ricas fazem seu dinheiro trabalhar duro para elas.
- Pessoas pobres trabalham duro pelo seu dinheiro.
- Pessoas ricas administram bem o seu dinheiro.
- Pessoas pobres administram mal o seu dinheiro.
- Pessoas ricas focam em seu patrimônio líquido .
- Pessoas pobres focam em sua remuneração do trabalho.
- Pessoas ricas pensam "ambos".
- Pessoas pobres pensam " isto ou aquilo".

Lições valiosas extraídas do livro 𝆑𝆑 Os Segredos da Mente Milionária𝆑 de T. Harv Eker.

USANDO O PODER E A SABEDORIA

Usando o poder e a sabedoria existentes no ser humano para a alto-realização em todos os sentidos.Seu pensamento é recebido pelo cérebro ,que é o órgão da sua mente consciência ou objetiva aceita o pensamento integralmente,ele é enviado para o plexo solar ,chamado o cérebro da sua mente,onde se transforma parte integrante de você e se torna manifesto em sua experiência .

A primeira condição que Jesus instituiu foi a fé.Na Bíblia se pode ler repetidas vezes,de acordo com a tua fé,assim te acontecerá .Se você planta certos tipos de sementes no solo ,tem fé de que cresceram de acordo com sua espécie.

O ÚNICO PODER CURADOR

É conhecido por vários nomes Natureza,Vida,Inteligência Criadora e Poder Subconsciente.
Há muitos métodos diferentes para remover obstáculos mentais ,emocionais e físicos que inibem o fluxo do princípio curador da sua mente subconsciente ,se orientado corretamente por você ou por outra pessoa ,pode e vai curá-lo de qualquer doença física ou mental.

VOCÊ SEMPRE JOVEM

Em vez de ver o corpo humano como uma máquina ,a medicina está começando a considerar os seres humanos como organismos adaptáveis . ⦀Em lugar de tentar controlar a saúde do indivíduo ,com a ajuda da medicina de alta tecnologia ,há uma maneira de ver a saúde que considera o ser como um todo ,com mente,corpo e espírito interligados,criado para adaptar-se à saúde ,se as circunstâncias estiverem corretas" .Patrick Holford 100% saúde ,pag.21.

A maneira como nos sentimos por dentro tem o maior impacto na nossa capacidade para controlar o envelhecimento e os seus sinais.Que tal também dar uma turbinada com cremes hidratantes,tratamento para os cabelos,entre outros tantos que podem levantar sua alto-estima .

Lembre-se que para envelhecer bem, o corpo não quer só comida.Não adianta comer tudo certinho se você vive estressado ou deprimido.Coloque atividade física ou meditação na sua vida.

O QUE O CÉREBRO É CAPAZ .

O cérebro monitora tudo que acontece na superfície corporal e todos os músculos e articulações ,um cérebro "feliz" ajuda a curar doenças ,além de que o cérebro é capaz de alterar praticamente qualquer função corporal.

Os neurologistas ainda sabem tão pouco sobre o poder do mais misterioso órgão do corpo humano.

O cérebro realiza várias tarefas : controla a temperatura corpórea,a pressão arterial ,a frequência cardíaca e a respiração ,aceita milhares de informações vinda de nossos sentidos ,controla nossos sentidos ,controla nossos movimentos físicos.Todas essas tarefas são coordenadas e reguladas por um órgão que tem mais ou menos o tamanho de uma pequena couve-flor.

O cérebro também faz parte do controle motor ,processamento visual ,processamento auditivo,sensações,aprendizagem,memória e emoções.

CONCLUSÃO

Mente é o estado da consciência ou subconsciente que possibilita a expressão da natureza humana .
Mente é um conceito bastante utilizado para descrever as funções superiores do cérebro humano relacionadas a cognição e comportamento .Particularmente aquelas funções as quais fazem os seres humanos conscientes,tais como a interpretação ,os desejos,o temperamento,a imaginação ,a linguagem ,os sentidos,embora estejam vinculados nas qualidades mais inconsciente como pensamento ,a razão ,a memória,a intuição,a inteligência,o arquétipo,o sonho , o sentimento,o ego e superego.Por isso,o termo também descreve personalidade e costuma designar capacidades humanas ou mesmo ,empregado para designar capacidades de seres sobrenaturais ,como na expressão ⫚ A MENTE DE DEUS ⫚.
Deus te guia e você guia sua razão para guiar a sua vida.

FIM !!

BIBLIOGRAFIA

Damásio A.R.(1996).The somatic marker hypothesis and the posible functions of the frontral context.Philosophical Transactions of the Royal Society of London,351,1413-1420.

Damásio ,A.(2000).Em busca de Espinosa - prazer e dor na ciência dos sentimentos.São Paulo:Companhia das Letras

Darwin,C.(2005).The orign of species London:Murray.(Trabalho original publicado em 1859).

Darwkins,R.(1976)The Selfish Gene.Oxford University Press.

Evans,D.& Zarate , O.(1999).Introducing evolutionary psychology.Cambride;Icon Books.

Hamilton,W.D.(1964ª).The evolution of social behavior I.Journal of Theoretical Biology ,7,1-16.

Gardner,H.(1985).The mind's new science: a history of the cognitive revolution.New York:Basic Books.

Os segredos da Mente Milionária ,T.Harv Eker.

Wikipedia the free encyclopedia.

X

SORAIA GUERREIRO
AUTORA